Geschichten aus unserer Welt

Gedichte zur Inspiration
um in sich zu gehen

Michael Siegbert

Inhaltsangabe

© 2021
Herstellung und Verlag: BoD – Books on Demand, Norderstedt
ISBN: 978-3-7534-4340-9

Vorwort

es geht weiter

weiter geht es

immer wieder

aufs neue

eintauchen

in eine neue Dimension

in verschiedenen Versionen

weiter geht es

immer wieder

aufs neue

eintauchen

inspirieren lassen

durch die Gedichte,

die nun vor Ihnen liegen

weiter geht es

immer wieder

aufs neue

eintauchen

in unsere Welt

in unsere Gefühle

weiter geht es

immer wieder

aufs neue

eintauchen

Stark bis ans Ende

tief am Abgrund,
Deine Seele
geht nicht unter,
bleibt an der Oberfläche,
lässt sich nicht unterkriegen,
sie kämpft sich durch,
bis zum Ziel,
nicht unerreichbar,
ein Versuch,
immer wieder,
immer weiter

Meine Liebe

Ich will Dir alles geben,
was mein Herz Dir alles geben kann,
ich brauche nichts für mich,
brauche nur Dich,
Du bist mein Herz
und ganz tief in mir drin,
fühle ich mich Dir so nah,
lass uns weiter gehen,
wir berühren uns,
in jedem Moment,
in jeder Minute,
in jeder Sekunde,
was auch immer geschieht,
wir lassen nicht von uns,
lassen uns ziehen,
um uns immer wieder
neu zu begegnen,

neu zu entdecken
und neu zu erleben.

Das leben geht weiter,
sicher etwas heiter,
meine Liebe ist für Dich
und wird niemals untergehen.

Trauer umgibt dich

Trauer umgibt dich
schon die ganzen letzten Tag´
gib niemals auf
bist sehrgebraucht
lass dich nicht untergehen
fang wieder von vorne an
wenn es sein muss
du wirst es schaffen

Trauer umgibt dich
sie wird vergehen
aber das was bleibt
ist die Liebe für uns
für uns beide
über den Tod hinaus
die Liebe lässt uns leben
in die Hand uns gegeben

Trauer umgibt dich

sie sieht dich und mich
hält uns fest
stärkt uns im Ganzen
läßt uns niemals los

doch sie trägt das Gute
in uns und
verdrängt das Schlechte

Ganz tief in mir

Ganz tief in mir

bist Du in meinem Herzen

deine Liebe ist wie ein Comet

hast mich erobert wie im Sturm

vielleicht ohne es zu merken

wenn ich Dich anseh

wenn ich Deine Nähe spür

ich Dir in die Augen seh

Respekt

Jemanden erleben,
jemanden respektieren,
jemanden sehen,
jemanden spüren,
jemandes seine Aura erfahren,
jemandes seine Wahrheit sehen,

jemanden so nehmen wie er ist
Jemanden so sehen wie er ist

jemanden akzeptieren
jemanden annehmen
jemanden schätzen
jemanden wieder sehen

jemandes leben spüren

jemandes Wahrheit erleben

jemanden so nehmen wie er ist
Jemanden so sehen wie er ist

Und sagt kein Wort

Er steht vor mir
und sagt kein Wort,
weiß nicht was in ihm
gerade so vorgeht,
was in ihm abläuft.

Er schaut mich an,
mit seinen grünen Augen,
sie funkeln mich an,
sie durchforschen mich,
sie analysieren ,
das was sie sehen.

Die Liebe brennt sich ein ,
in mein Herz.
Er steht vor mir
und sagt kein Wort,

und doch weiß ich
was in ihm
gerade so vorgeht,
was in ihm abläuft

Unser Paradies

Vertrieben aus dem Paradies
vertrieben aus unserer Welt
unserer schönen heilen Welt
sie dreht sich um uns herum
und bleibt einfach so stehen
wir sind jetzt endgültig
vertrieben aus dem Paradies
wir sind nun endgültig
vertrieben aus unserer Welt
unserer schönen heilen Welt

Die Welt vor unseren Füßen

die Welt liegt vor uns
direkt vor unseren Füßen
greifbar nah
immer erreichbar
so unwahrscheinlich nah
als wenn man die Hand im Nebel spürt
wir müssen nur zugreifen
einfach so,
nur zugreifen
sie lässt uns nicht los
wir beschäftigen uns
immer wieder mit ihr

Du bist ein Teil von mir

Du bist ein Teil von mir
wir gehören zusammen
was auch immer geschieht
ich bin ein Teil von Dir
wir gehören zusammen
was auch immer geschieht
wir gehen zusammen
im Rausch der Liebe
es geht weiter mit uns
wir werden alles meistern
und nicht untergehen
wir bleiben ganz oben
und wehren uns,
wenn es sein muss

Unendlichkeit

Alles dreht sich im Kreis,
keiner weiß,
was ich nicht weiß

ich kümmere mich nicht drum,
worum sich sonst
auch keiner kümmert

schaue mal links, mal rechts
nicht nur geradeaus
wie manch andere

es gibt mehr als nur den Himmel
wir sehen auch die Erde
auf der wir gehen

Veränderung

Blätter der Bäume
färben sich bunt
das satte grün
schwindet
verwandelt sich
in eine bezaubernde
Farbenpracht

alles ändert sich
formiert sich neu

Urlaub vom Alltag

Seele treiben lassen
auf dem ruhigen See
einfach fallen lassen
in ein Meer aus Federn
ganz sanft landen

Verfolgt

Verfolgt
auf tritt und schritt
Verfolgt
immer wieder
Verfolgt
ein Schritt weiter
Verfolgt
schon wieder da
Verfolgt
warum geht's weiter
Verfolgt
was geschieht nur
Verfolgt
verdrängt
Verfolgt
und doch wieder da
Verfolgt

schon wieder da
Verfolgt

warum immer noch
Verfolgt
immer wieder
Verfolgt
es geht weiter
Verfolgt
bleibt nicht stehen
Verfolgt
kehrt wieder zurück
Verfolgt
schweife mal ab
Verfolgt
schwebe in Gedanken davon

Verfolgt
lande wieder vor Ort

Verfolgt
sie sind wieder da
Verfolgt
unaufhaltsam
Verfolgt

von Bildern
Verfolgt
immer wieder
Verfolgt
lässt mich nicht los
Verfolgt
von Gedanken

Will Dich nur verstehen

Aus der Ferne
sehe ich Dich
du stehst neben mir,
aus der Ferne
sehe ich dein Tun
mit Argwohn,
ich betrachte es,
ich bin verstört
kann nichts verstehen,
gehst du diesen Weg,
frage ich mich: wieso?
vielleicht werde ich es
irgendwann verstehen

Liebe zwischen uns

Ich habe die Wahl
eher eine Qual
wie im großen Saal
fühle ich einsam und leer

mein Weg liegt vor mir
mal mit jemanden mal mit dir
sind wir beide wieder hier
ich bereue keine Sekunde mehr

Zufrieden mit meinem Glück
verwandelt mein Geschick
glaube ich werde verrückt
wir lieben uns wirklich sehr

wenn unsere Liebe nicht fällt
ein Lied um uns quälend gellt
wir uns beide gegenseitig gefällt
wir brauchen so viel, viel mehr

Vergangen ist der Nebel

Wintersonne
bricht durch
die Wolkenwand

den Weg zuvor
kaum erkannt
ein Blick
zurück
auf alte Sommertage
die oft trüb
und ohne Sonne waren

nichts ist mehr verhüllt
von dem Nebel
der Vergangenheit
in mir spüre ich

das Blumenmeer

von Dir ausgebreitet
lass mich baden

und treiben
in dem unbeschreiblichen
Gefühl

Weißt Du

Weißt Du wieso,
weißt Du wohin,
weißt Du warum,
weißt Du woher,
weißt Du was geht,
weißt Du wie es wird,
weißt Du,
es wird weiter gehen

Nur mit Dir

was ich denke
will ich mit Dir teilen
was ich fühle
will ich Dir anvertrauen
was ich erlebe
will ich mit Dir erleben
was ich erblicke
will ich mit Dir anschauen

was ich lebe
will ich gemeinsam mit Dir

Mein leben

Wolken ziehen übers rote Land
weit und breit nichts zu sehen
es ist unbeschreiblich schön
immer wieder gerne anzusehen

genieße das Wasser des Lebens
was in dir sich tiefverwurzelt befindet
es geht weiter in diesem Labyrinth
der Weg vollends des Ziels verbindet

das Leben schreitet weit voran
durchzieht die umher liegende Seen
die zuführenden Flüsse unseres Seins
immer wieder gerne anzusehen

was durchkreuzt meine Gedanken

wo ist es hin ,seh´s nicht mehr
weit fort und doch ganz nach

wie ein Traum, freut mich sehr

es durchzieht wie ein roter Faden
hin und her auch hier und dort

mein leben, mein handeln
immer weiter in mir fort

Unser Uns

Ich hab´ die Wahl
eher eine Qual
wie in einem Saal
fühle ich mich einsam und leer

mein Weg liegt vor mir
mal mit jenem mal mit dir
sind wir beide wieder hier
ich bereue keine Sekunde mehr

zufrieden mit meinem Glück
verwandelt mein Geschick
glaub´ ich werde verrückt
wir lieben uns wirklich sehr

Unsere Liebe nicht fällt
ein Lied in uns Quälend gellt
wir uns beide gegenseitig gefällt
wir brauchen so viel mehr

Verbundenheit

meilenweit entfernt
und doch so nah
tief verbunden
in Gedanken
tief verwurzelt
ohne Schranken
verbunden
übers weite Land
gehen wirklich
Hand in Hand
meilenweit entfernt
und doch so nah

Zeit um uns herum

Fahre gen Süden

Trampe Richtung Norden

einen Zwischenstop im Osten

um im Westen kurz ´rein zu schauen

unsere schöne kleine Welt

Was auch geschieht

Was geschieht
um uns ´rum
es gibt Keinen
der alleine
mit sich
um uns geht

                                                     sind zusammen
als ganzes Team
helfen uns
um uns weiter
vorwärts zu

bringen

                                                     in eine andere

Dimension

die Welt
liegt vor uns
auch hinter uns

wir sind in ihr
treiben uns
mit ihr raus

Es geht weiter mit Dir

Ein zerbrochener Krug
in meiner Hand
mein Herz zerspringt
wie das Glas
dieses Kruges
in tausend Stücke,
wenn ich dich sehe,
wenn ich dich spüre
in meiner Nähe.
Ich weiß,
es wird weiter gehen.
Mit Dir und mir.
Nur das wie,
ist noch nicht klar.
Doch ich weiß,
es wird mit uns passieren.
Nur das wann,
ist immer noch nicht klar.

Es geschieht

Was auch geschieht,
die Liebe trägt sich
Was auch geschieht,
jeder sieht es
Was auch geschieht,
die Welt dreht sich
Was auch geschieht,
wir sind mit uns
Was auch geschieht,
der Weg liegt vor uns
Was auch geschieht,
es wird geschehen
Was auch geschieht,
es wird weiter gehen

Zeit vergeht

zeit vergeht
rasend schnell
willst sie anhalten
nur manchmal
dem Gefühl ergeben
und auch genießen
den Augenblick

Zeit vergeht
rasend schnell
willst mit ihr gehen
nur manchmal
ist es schwer
wiederum auch schön
dieser Augenblick

Zeit vergeht

rasend schnell

vergangenes
bleibt vergangen
lässt sich mit Rosen schmücken
wie durch eine rosaroten Brille
wie die Zeit der liebe

Welchen Weg müssen wir gehen

Ich gehe
wohin mein Weg mich geleitet,
schaue nach vorn,
mit Zuversicht,
sinnlich stell ich mir vor,
wie es wäre,
wenn es anders wär'.
Wäre heute woanders,
wäre ich einen anderen Weg gegangen,
heute bin ich hier
und morgen vielleicht,
wo ich sonst nicht wär',
nichts ist klar,
jeder Weg ist anders,
keiner weiß,
welchen Weg wir gehen,

alles ist neu
und entwickelt sich weiter,
wir gehen mit,

ich lasse los
und binde mich
bin gelöst
fühle mich wieder frei

ich bin ich und fühle mich
einfach wieder frei
ich bin frei

Unser Weg

Prospekte schauen wir uns an,
wohin soll die Reise gehen,
wohin treibt unser Herz,
wir lassen es geschehen,
die Entscheidung liegt vor uns,
sie liegt in unserer Hand,
was auch immer wir in uns spüren,
wir gehen diesen weg,
er ist der Rechte Pfad,
der Weg unseres Lebens,
ein anderer wäre diesen
nicht gegangen,
aber eben seinen,
den wir nicht gegangen wären,
unser Weg ist eben unser Weg

Immer wieder
ein neuer Tag

kein Ziel vor den Augen
kein Plan zu sehen
wie soll es weitergehen
was soll nun geschehen

ein Tag verstreicht
unsagbar schnell
oft ist es hell
manchmal auch sehr grell

so schnell vergeht der Tag
wir fliegen durch die Nacht
so dass ein neuer Tag erwacht
ward was schönes gebracht

ganz langsam entwickelt sich
wie bei einer Blume die Blüte
ich sie vorsichtig behüte

alles erfährt meine Güte

am Ende des Tages erfreue ich mich
ich noch was gutes erkenne
ich etwas schönes benenne
ich auf den neuen Tag losrenne

Fesseln

umnebelt
meine Gedanken
wie Fesseln
lähmen sie

alles steht
still
nichts bewegt sich
wie gefesselt
von Gedanken
getragen

von Vergangenem
die Gegenwart
wie gefesselt
und doch frei

in tiefen
des Herzens
die Seele ruht
in sich
wie aufgewühlt
vom tosenden Meer

Lass mich

Lass mich gehen
Lass mich ziehen
Du tust mir nicht gut
denn ich liebe Dich
Lass Dich fort
Lass mich ruhen
ich tue Dir nicht gut
denn ich liebe Dich
Lass Dich tun
Lass Dich sein
wir tun uns nicht gut
denn ich liebe Dich

Es ist in Ordnung

es ist in Ordnung
wie ich fühl

es ist in Ordnung
da ich weiß
was ich will

es ist in Ordnung
wie ich hasse

es ist in Ordnung
da ich weiß,
was gut für mich ist

es ist in Ordnung,
wenn ich ehrlich bin

es ist in Ordnung
da ich weiß,

was ich fühl

es ist in Ordnung
wenn ich verlasse

es ist in Ordnung
wenn ich glücklich bin

es ist in Ordnung
wie ich bin

Meilen Weit entfernt

Schreibe einen Plan
sehe nicht weit
in meinem Wahn
nur die Wirklichkeit

Meilen weit entfernt
vom Paradies

was grade jetzt geschieht
sehe ich nicht genau
es geht wohl sehr tief
sehe überall Himmelblau

Meilen weit entfernt
vom Paradies

Es geht weiter

Ein Telefonat
wie kein anderes
mein erstes Mal
doch geht es tief ins Blut
als wenn wir nichts anderes taten

es ging tief
obwohl ich es nicht wollte
wie nie zuvor
es geschah
ganz unwillkürlich

dadurch ging es weiter
unendlich tief aber weiter
in Gedanken mit uns
fliegen wir andere Welten
in die Höhe aber weiter

Nicht ohne Dich

denke
jeden Tag an Dich
denke
jeden Morgen an Dich
denke
jede Stunde an Dich
denke
jeden Abend an Dich
denke
jede Minute an Dich
denke
jeden Moment an Dich
denke
jede Sekunde an Dich
denke
Jeden Augenblick an Dich

Was uns zusammenhält

Alles grün,
noch nicht gelb,
aber lange
wird es nicht dauern.
es ist die Zeit,
die uns treibt.
es ist die Uhr,
die uns lenkt.
sind gebunden
an Gesetze,
die uns
zusammenhalten
die uns
zusammenführen.

Erinnerungen

Zeit liegt zurück,
in Gedanken liegt sie vor uns,
in greifbarer Nähe,
keine Veränderung möglich
mit ihr wird es weitergehen.

Du spukst in mir

Heute Nacht kann ich nicht schlafen gehen,
denn Du spukst mir in meinem Kopf herum.
Meine Liebe ist für Dich,
ist nur für Dich.
Du bist meine große Liebe,
schon seit langem,
schon seit ich denken kann.

Heute Nacht kann ich nicht schlafen gehen,
denn Du spukst mir in meinem Kopf herum.
Dich vergessen kann ich nicht,
an Dich denken werde ich ,
jeden Tag und jede Nacht,
es kommt mir so vor,
als würden wir uns schon ewig kennen.

Heute Nacht kann ich nicht schlafen gehen,
denn Du spukst mir in meinem Kopf herum.

Was geschieht mit mir,
wenn du nicht bei mir bist.
Ich mag es nicht erfahren wollen.
Du gibst mir halt,
in Zeiten wo ich schwach bin.

Heute Nacht kann ich nicht schlafen gehen,
denn Du spukst mir in meinem Kopf herum.

Du trägst mich,
wenn ich glaube zu fallen.
Du liebst mich so wie ich bin,
auch wenn ich mich abscheulich finde.
Heute Nacht kann ich nicht schlafen gehen,
denn Du spukst mir in meinem Kopf herum.

Weiß nicht weiter

Da steht sie nun
vor ihm
weiß kein Wort
an ihn zu richten

weiß keine Mimik
an ihn zu richten

weiß kein Lächeln
an ihn zu richten

da steht sie nun
vor ihm
weiß nicht
wie sie es sagen soll

weiß nicht

wie sie sich zeigen soll

weiß nicht
wie sie sich freuen soll

da steht sie

vor ihm
wo geht es hin
was soll geschehen
wie kann es geschehen

Wie stark ist unsere Liebe

wird sie alles ertragen
was uns bewegt
wird sie alles auffangen
was uns trägt
wird sie was Übersehen
eben weil man liebt

Eine Rose für Dich

Eine Rose soll erblüh´n
wenn sie in deine Augen seh´n
sie sind so wunderbar, so schön
tragen in sich kein Argwohn

Eine Rose soll erblüh´n
wenn sie in deine Augen seh´n
sie glauben an das was sie woll´n
sie sehen genau das, was sie soll´n

Eine Rose soll erblüh´n
wenn sie in deine Augen seh´n
eine Zeitlang gemeinsam geh´n
uns beide in die Augen seh´n

Eine Rose soll erblüh´n
wenn sie in deine Augen seh´n

Waffen

Augen, die Blicke
das Ziel nie verfehlt
direkt in die Mitte

der Mund, die Worte
das Ziel nie verfehlt
direkt in die Mitte

Hände, die verstecken
das Ziel nie verfehlt
direkt in die Mitte

der Körper, eine Waffe
das Ziel nie verfehlt
direkt in die Mitte

Traum und Wirklichkeit

Wolken sind grau
verdecken den Himmel
er ist nicht mehr blau

        nie wieder
        so scheint es
        für ihn

die Sonne verschwand
Sonnenstrahlen strahlen nicht
durch die graue Wolkenwand
schon lange nicht mehr

        nie wieder
        so scheint es
        für ihn

Sonne hat kaum Energie
gegen Wolken sich zu wehren
wie sollte er dies tun, wie?
Er weiß es nicht mehr

schon lange nicht mehr

                              nie wieder
                              so scheint es
                              für ihn
Träume halten ihn ganz sacht
lebt dabei in seiner eigenen Welt
völlig isoliert von der schwarzen Nacht
schon lange und immer wieder
                              schon wieder
                              schön und
                              schmerzlich
                              für ihn
Träume braucht er
obwohl sie ihn zerbrechen
da sie keinen Halt finden mehr
keinen Halt im Steinbrunnen
schon lange und immer wieder
                              schon wieder
                              schön und
                              schmerzlich

                    für ihn
seine Welt in seinem Traum
aus warmen und bunten Lichtern
hat in ihm einen großen Raum
schon lange und immer wieder
                    schon wieder
                    schön und
                    schmerzlich
                    für ihn
er hört nicht auf zu träumen
das Dunkle hier und jetzt
lässt ihn träumen
schon lange und immer wieder
                    schon wieder
                    schön und
                    schmerzlich
                    für ihn
er sieht
Straßen ohne Ende
Straßen, die in die Tiefe fließen
in die Tiefe der Dunkelheit

                        er hofft
                  auf das Licht
            für ihn

er weiß
Straßen ohne Ende
Straßen, die er gehen muss
bis es heller wird
so haben seine Träume einen Sinn
muss es wagen, denn er hofft
                        er hofft
                  auf das Licht
            für ihn

er hofft
Träume werden wahr
auf ein Blumenmeer in der Wirklichkeit
nur so lohnt es sich zu leben
muss es wagen, denn er hofft
                        er hofft
                  auf das Licht
            für ihn

wie'n Vogel

im Traum fliegen
hoch oben
über allem
die Welt von oben seh'n
frei sein
richtig frei
Orte frei wählen
in sich schweben
so hoch fliegen
so tief fliegen
wie wir wollen
nichts hält uns auf
nicht wirklich
nur manchmal
das sehen wir nicht
genießen den Blick
ganz nach unten

immer anders
immer wieder neu

in sich schweben
nicht im eigenen Körper
bewegen unsere Flügel
prickelndes Gefühl
im Traum fliegen
            wie'n Vogel

Die Welt mit Dir I

dein Leben begann
vor langer Zeit
bist winzig groß
schon damals gewesen
nun bist Du größer
und auch reifer
zumindest
ein klein wenig
    die Welt dreht sich
    nur mit Dir
    so wie sie sich jetzt dreht
    mit Dir
    ohne Dich
    weht der Wind anders
    ohne Dich
    wärmt die Sonne anders
bist geprägt

von der Vergangenheit
sie war schön

doch manchmal nicht
sie hat Dich verändert
durch sie
bist Du stark
manchmal auch schwach
    die Welt ist bunt
    nur mit Dir
    so wie sie jetzt farbenfroh leuchtet
    mit Dir
    ohne Dich
    werden Stürme stärker
    ohne Dich
    verliert die Sonne ihre Energie

Du bist stark

die Welt mit Dir II

Lass Dich nicht
umhauen
von dem Wirbelsturm
der auf Dich zukommt
       Du kannst stark sein

bleib´zart und sanft
berührt Dich die Sonne
die Wärme eines Herzens
       Du darfst weich sein

Lass Dich fallen
in das Blumenmeer
für Dich
von anderen
breit ausgelegt
       Du, hab´vertrauen

Die Welt mit Dir III

die Welt ist so
nur mit Dir
so wie sie jetzt ist
mit Dir
ohne Dich
wäre alles anders
ohne Dich
nein, das geht doch nicht

    atme tief ein
    und spüre
    das schöne in Dir
    glaube an Dich
    und an das Glück
    das Du anderen gibst

Tropfen im Fluss

Du bist ein Tropfen
unter vielen anderen
in einem großen Fluss

Lässt dich mitreißen
zusammen mit vielen
in dem schnellen Fluss

treibst mit der Zeit
reibst an der Zärtlichkeit
wie neben Dir, die vielen

verdünnst auf der Such der Wärme
sammelst die schließlich gerne
mit den vielen kleinen

zusammen bricht das Eis

in jedem wird's ganz heiß
es brodelt im großen Fluss

spürst die gemeinsame Kraft
die 'n Tropfen 'n klein wenig hat
dies zeigt der reißende Fluss

trotz des großen, schnellen Flusses
vergiss niemals wer Du bist
bleibst ein Tropfen von vielen

schöpfe Dir die richtige Stärke
lass Dir als Tropfen Zeit dabei
bleibst ein Tropfen von vielen

für eine Freundin

Warum fällt es schwer, Christine,

        aufeinander zuzugehen?

Was ist irgendwann

        und wie bloß geschehen?

Hat Dein ruhiges Herz

        unendlich schwer gemacht.

Hast es bis Heut´

        nicht über Dich gebracht.

Fehler liegen so nah,

        weit fern sich zu gestehen.

Glaub´mir, Christine,

        Du würdest es überstehen.

Ein klärendes Wort

        bringt Licht in die Nacht.

Hab´ich mir so

        manches mal gedacht.

Gab oft eine Chance,

hast es nicht gesehen?
Vielleicht, denke ich,
konntest Du es nicht
verstehen.
Schade um diese Zeit,
wir geträumt und gedacht.
Hast mich so, Christine,
um eine Freundin gebracht.

Das Risiko tragen

der Vulkan

bricht

aus sich

glühend

heraus

wir

ziehen weiter

der sprühenden,

funkelnden Hitze

entgegen

tanzend froh

und mutig

auf dem Vulkan

aufregend

gefährlich

geht's weiter

der letzte Dost

herrlich frischer Sommerwind
saftig grasiger Duft
liegt in feuchtwarmer Luft
läufst Barfuß gegen den Wind

liegst im buntem Blumenmeer
hoch zu den Wolken schaust
sie hinein in Dich saugst
brauchst von allem viel, viel mehr

pflückst Blumen ganz geschwind
nutzen bringt der letzte Dost
nimmst ihn auch noch fort
Farben sind verweht vom Wind

nun floss die letzte Stund´ vom Admiral
jemand seinen Nährboden fraß

läufst auf trockenem Gras
ziehst suchend bis ins Tal
im Siegeszug hast gewonnen
lebloses Gingsenleben
nichts mehr zu geben
hast es mit fort genommen

alles hat seinen Reiz

hoch gewachsen
verstehen, erklären
halten Gleichgewicht
eines gewachsenen

fort schleichend
langsam unbemerkt
Raum für Fantasie
verwirrt Klarheit
eines gewachsenen

klein gebliebene
sahen weit und tief
tragende Augenblicke
eines gewachsenen

Offene Ansichten

manche Ansichten
einmal erstellt
festgefahren
gleichen sie
langen, hohen
Mauerwänden

eingekreist
beflügelt
von eigene Ansichten
zum Andern
die Sicht
zu leicht erschwert

nur noch offen
für eigene Ansichten

einen Augenblick

Für einen Augenblick
schimmerte Glanz
in diesen blauen Augen

ereignisreiches
war nicht geschehen
oder vielleicht doch

diese blauen Augen
sahen winziges
ein wenig größer
aus jenem Blick
sieht alles anders aus

diese blauen Augen
erzählen
ohne große Worte
leben hat sich bewegt

Gier

im Schnellzug vorbei am Leben
wie im Flug von allem heben
erreichen aller Ziele das Bestreben
alles kann auch nicht´s geben

ein Komet im All verglüht
Reichtum wohl noch behüt´
eine Rose zu schnell verblüht

mächtiger funkender Moos
wirklich, was nützt uns bloß
irgendwann wird es bedeutungslos
wenn zwischen uns alles hoffnungslos

Gefühle im Nebel

Nur mit dem Herzen
können wir sehen
was wir fühlen

Nur der Verstand
umnebelt
alles sehenswerte
in uns

Neues letztes Heim

gekommen einst der Augenblick
manchmal immer näher rückt

aus gewohntem raus gerissen
altbekanntes schwervermissen

all die Gleise oft gleich befahren
irgendwann nichts anderes erfahren

oft verändert auf langer Reise
immer wieder auf gleicher Weise

waren Stützen in der Zeit
liegt zurück keine Eweigkeit

das Kind in uns

bleiben Kinder unserer Zeit
unser Wesen um uns reift

keine Tränen kleiner Seelen
zeigen uns, was wird fehlen

unser lachen herzenfroh
nur Kinder lachen so

keine Stimmen, unserer Herzen
sehen unsere wahren Schmerzen

unser Strahlen, klar beschwingt
können uns freuen wie'n Kind

keine Kräfte der Fantasie
besiegen uns, vielleicht nie

unsere Welt, so wunderbar
zurückgelassen, doch ganz nah

un- veränderliche Perspektive

nur kurz das Bild gesehen
kennst den Weg, wohin er führt
was im Vorfeld ist geschehen
gewiss ist, was es hat geschürt

nur kurz an das Äußere gerätst
des Mannesgedanken nie errätst
im Nebenraum brennt doch Licht
nur Du erkennst es nicht

Dein Bild, was Du vor Dir siehst
bleibt so wie es war und ist
das and're einfach beiseite schiebst
wie entfernt Du auch der Wahrheit bist

lebendig bleibt der Traum

Dich grenzenlos im Traum verführt
unbefangen alle Deine Sinne berührt

fühle zart Deine starken Hände
überall ungeniert an mir

zog mir sanft unter die Haut
bist mir schon so vertraut

atme Deinen unbekannten Duft
tief stärkend in mich ein

bin gebannt von Deinem Wesen
so unwahrscheinlich nah gewesen

bin schon lange wieder wach
vielleicht auch nicht

spukst noch in meinem Kopf herum
ich frag´mich nicht, warum?

Es vergeht

gerade in jenem Augenblick
des begünstigenden Schicksals
der rauschenden Wonne
so traumhaft, herrlich
es für uns scheint

oft verdrängt
nur Wunderblumen
zeigen ewig ihre Farbenpracht

jedes Mal, eben dann
an unseren schwarzen Tagen
in unserer Trauerhöhle
so zweifelnd, besorgt
wird die Sicht besehen

bleibt´s bewusst
den Aufschwung
steht uns doch bevor

mehr als Spuren im Sand

hinterließ Spuren
wie im Sand
niemals fortgespült
nie verbannt
unverstellbar,
sei sie nicht gewesen
fast läßt
Erinnerung
sie leben
Memoiren
einst aus ihrer Hand
unauslöschbar
eingebrannt
gewöhnlich schlicht
war ihr leben
faszinierend
wie aufregend

nachzulesen
weisen Leser
in ihr
vergessenes Land
bleibt dennoch
spürbar nah
unbekannt

Du bist

Du bist
wie der Wind
der meine Haut berührt

Du bist
wie die Sonne
die mich wärmt

Du bist
wie die Luft
zum Atmen

Du bist
wie das Wasser
das mich nährt

Du bist
mein Leben

Du bist
meine Liebe

Neu beginn

jeder Tag
ist nicht
wie ein
anderer

jeder Tag
ist immer
wie neu

jeder Tag
ist die Chance
in eine andere
Richtung

nutze jeden Tag

vorbei am Leben

mittendrin
und doch
daneben
die Welt
der ander'n
gar nicht seh'n
sich selbst
neben anderen
nur verstehen
zurecht gerückt
die Wahrheit
kein Vergehen

vielleicht
irgendwann
beginnt er zu verstehen

kann die ganze Welt
mit anderen Augen seh´n

zusammen

zusammen
die Freuden
des gemeinsamen Lebens
genießen

zusammen
das Leid
gemeinsam tragende

zusammen
jeder für sich
akzeptieren

zusammen
sich gegenseitig
stützen

zusammen
neue Wege
in die Zukunft
sehen

zusammen
zu frieden
nach hinten schauen

zusammen
jeder nach
eigener Kraft

zusammen
ohne sich dabei
zu verlieren

zusammen

auch wenn man
nicht zusammen ist

eine Frage bleibt

welcher Mensch, welches Wesen
ist wunderbar anzusehen
oder gar das höchste gewesen

aus welcher Art muss es sein
da es niemals Wertvoll
doch eher abschreckend klein

so hundertfach das Leben
manchmal mehr unzählbar
als jemals wird es geben

zu mal die Frage offen bliebe
wer das Recht erhielt
als Richter sein Unwesen triebe

Werte sind aus Menschenhand
treiben Schicksal und Glück
aus Willkür an die Wand

Werte

alles was wir sehen
ist als solches
Wertneutral

nur jeder einzelne
belegt es
mit eigenen
Werten

mit Dir

was ich denke
will ich mit Dir teilen
was ich fühle
will ich Dir anvertrauen
was ich erlebe
will ich mit Dir erleben
was ich sehe
will ich mit Dir anschauen

was ich lebe
will ich gemeinsam mit Dir

Gedanken

Gedanken
zerdenken
den Gedanken
und doch
verwirrte Gedanken
verwirrte Emotionen
entwirrt
durch Gedanken
Klarheit
durch Gedanken
denken als Prozess
der Schlüssel
für jede Tür

                nach und nach

innere Ruhe

manchmal
ist die Ruhe
fort
sie ist fortgeweht
von allem
was um uns
geschieht,
weil alles
in uns niemals
ohne Wirkung ist.
Sie ist
fortgespült
von Sequenzen
des Alltags
die Ruhe ist
fort
nicht für immer

genieße das Leben

Asphalt
in grau
Frau in
schwarz
lacht
mich an
zieht
mich
in ihren
Bann
fühl mich
spür´mich
berührt mich
verführt mich
beginn
zu
lachen
fühl mich gut

ge- er- wachsen

hoch gewachsen
verstehen, erklären
halten Gleichgewicht
eines Gewachsenen

fort schleichend
langsam unbemerkt
Raum für Fantasie
verwirrt Klarheit
eines Gewachsenen

klein geblieben
sehen weit und tief
tragende Augenblicke
eines Gewachsenen

Entscheidung

richtig sei
jede Antwort
solange
sie gefunden
vom
eigenen Herzen

einen Augenblick

für einen Augenblick
schimmerte Glanz
in diesen blauen Augen
ereignisreiches
war nicht geschehen
oder vielleicht doch
diese blauen Augen
sehen winziges
ein wenig größer
aus jenem Blick
sieht alles anders aus
diese blauen Augen
erzählen
ohne große Worte

Leben hat sie bewegt

jedes Lachen zählt

Narben ins Herz eingebrannt
gerade eben davon gerannt
verlorener Zauber war bekannt

nur noch leicht ganz verschwommen
ruhelose Schwere vom Herz genommen
das Lachen irgendwann vernommen

Funken im Herzen vertauscht
endlich Deiner Stille lauscht
das Lachen hat Dich berauscht

Königin

niemals eine Königin
nur eine ohne Namen
ruhig und unauffällig
in aschgrau eingehüllt
sitzend in einer Ecke
eines dämmrigen Cafés
Gedanken ganz zufällig
oftmals einen Schritt voraus
ihren tragstarken
sieht niemand so genau
scheinbar unbeteiligt
beobachtet das Geschehen
steht hoch am blauen Zelt
höher als alle anderen

Verlusterfahrungen

Der Schmerz
wird irgendwann
vergangen sein

Die Erinnerung
wird irgendwann
viel stärker sein

Vergangen

vergessen
Erinnerungen
geschehenes
vergessen
ins Bewusstsein
geholt
neu erlebt
Vergangenheit,
die nie
vergangen ist
trotzdem
nicht immer
präsent ist
vergessen
was gerade
war
vergessen

nie verstehen

der Erzählung gespannt gelauscht
über jenes von ihr erlebten
Wortbilder haben mich berauscht

sah mich gehen durch lange Gassen
einer fremd, bekannten Stadt
folgt ihrem Land ganz gelassen

unternahm den Versuch zu verspüren
Gefühle einer anderen zu fühlen
lies mich von ihren Worten führen

kam so unwahrscheinlich nah
mir war dabei nicht sonderbar
zusehen glaubte, was sie einmal sah

war nie an diesem wunderbaren Ort
sah nur mein Schloss der Fantasie
ihrem Ort von mir zu weit fort

So nah von weitem

das Paradies so nah vor Augen
gesehen hast Du´s nie

einen Teil von Deinem Glück
erklärtest Du in Ihm

suchtest meilenweit
entfernt von Dir

dabei hast Du schon
darin ganz leicht geschwebt

hast das Paradies auf Erden
und hast es doch nie

irgendwann wirst Du´s sehen
das Suchen beiseite legen

Zuversicht

Ein Anfang
kann gleich das Ende
von irgendwas sein

Ein Ende
kann aber auch wieder
der Anfang
von irgendwas sein

unsere Liebe

Liebe

ist

die Kraft

im Leben

ohne

Liebe

sind

wir

nichts

das leere Zimmer

im Türrahmen steht sie
schaut in ihr Zimmer
dem leeren Zimmer
nichts wird sein wie immer

eine Träne in ihrem Gesicht
als sie spürte den Duft von ihr
diesen süßen Duft von ihr
so als sei sie noch bei ihr

alles von ihr gab sie her
nur Bilder in weiß im Raum
ihrem bunten Raum
bringt sie in ihren Traum

bis zum Morgengrauen

in dieser Nacht
bestand Deine Welt
nur aus diesem kleinen Raum
und ihr
versunken
in Vertrautheit
und den Worten
im Kerzenschein
und schwarzem Tee
erst
die Morgensonne
lässt verstummen
das Gespräch

für Angelika

vereint

ein Maskenschrank
in der Wand
geborgen
verborgen
hundert Maskenbilder
doch nur Schilder
verzieren jedes mal
Dein Gesicht
mit einem anderen Menschen – Ich
Maskenkinder
keine Wunderkinder
Masken, Masken überall
gehen auf jeden Maskenball
dieselbe eine steht daheim
mag wohl die wahre sein

fremdes Land

verträumt auf goldenem Sand
noch im fremden Märchenland

kristallklar am Firmament
funkelt unbekannt ein Diamant

weiße Wolken zur Höhe gleiten
rauschend in die Tiefe schreiten

hörst zirpen der Grillen sacht
einer fast windstillen Nacht

fruchtig süß diese Feigen
sich paradiesisch zeigen

verführt in diese Dimension
schon leicht in halber Illusion

lauscht ganz fern einem Klang
eine Goldammer einfach so sang

junges Herz

eine kurze und doch lange Nacht
mit dem Lesen eines Romans verbracht

unterbrochen durch die Dämmerung
im Morgengrauen mit trägem Schwung

die kühle Brise im Modern-Bad
ein weiterer unendlicher Tag

verzerrtes Spiegelbild zeigt eine Frau
nicht mehr aufrecht, sondern grau

schreibt das Alter in den Wind
in ihr, sie sieht, das kleine Kind

gerade für einen Moment
fliegt sie zum anderen Kontinent

Zerbrochen

zerbrochen
an der Liebe
zerbrochen
an den Erfahrungen
zerbrochen
an der Zärtlichkeit
zerbrochen
an der Aufmerksamkeit
zerbrochen
da es viel zu wenig war

zerbrochen
an der Vergangenheit
sie lässt sich nicht ablegen
wie´n Mantel
sie bleibt in uns
bis sie uns einholt

verfolgt uns
bis sie uns einholt
um uns hart umzuwerfen

zerbrochen
an dem Mut
zerbrochen
an den Erfahrungen
zerbrochen
da Enttäuschungen zu groß
zerbrochen
weil man gelernt hat

zerbrochen
an der Vergangenheit
sie lässt sich nicht ablegen
wie'n alter Hut
sie bleibt in uns
immer wieder

sogar bis zum Tod

zerbrochen
an der Macht
der Macht der Anderen
zerbrochen
an dem Vertrauen
das zu oft brach
zerbrochen
an der Hoffnung
die immer entfernt scheint

zerbrochen
an der Vergangenheit
sie lässt sich nicht ablegen
wie die abgenutzten Schuhe
sie bleibt in uns
hinterlässt Narben
die nie richtig verheilen

zerbrochen

an der Macht

der Macht des Mächtigen

zerbrochen

an den Worten

die gewaltig waren

zerbrochen

an der Erniedrigung

zerbrochen

an der eigenen Güte

zerbrochen

an der eigenen Schwäche

zerbrochen

an der Hilflosigkeit

zerbrochen

immer wieder

zerbrochen

an der Vergangenheit

sie lässt sich nicht ablegen
wie´ne schutzige Kleidung
sie bleibt in uns
fest verwurzelt
und wächst weiter
zerbrochen
an den Erfahrungen
die man zu oft erlebte
zerbrochen
ja, zerbrochen
verdeutlicht
durch die Angst
verdeutlicht
durch die Tränen
verdeutlicht
durch das Labyrinth
das Labyrinth der Hilflosigkeit

zerbrochen

an der Vergangenheit
sie lasst sich nicht ablegen
wie ´ne Maske für ´ne Rolle
´ne Rolle in diesem Leben
sie bleibt in uns
sie hält sich in diesem Körper
und der Hülle
und bleibt